Viele liebe Wünsche zum
60. Geburtstag!

Ein kleiner Gruß
für

....

Preisreduziertes Mängelexemplar

ars≡dition

*Ich habe keine andere Pflicht als die Lebenskunst:
so glücklich als möglich zu leben.*

Richard Dehmel

Heute ist nur einmal und nie wieder.

Volksgut

*Du hast drei Freunde auf der Welt:
Mut, Verstand und Weisheit.*

Weisheit aus Westafrika

*Monde und Jahre vergehen
und sind immer vergangen,
aber ein schöner Moment leuchtet
das ganze Jahr hindurch.*

Franz Grillparzer

Wenn es einen Glauben gibt, der Berge versetzen kann,
so ist es der Glaube an die eigene Kraft.

Marie von Ebner-Eschenbach

Alles, was du bist,
alles, was du willst,
alles, was du sollst,
geht von dir selbst aus.

Johann Heinrich Pestalozzi

Du kannst dein Leben nicht verlängern noch verbreitern,
nur vertiefen.

Gorch Fock

Wir mögen die Welt durchreisen,
um das Schöne zu finden,
aber wir müssen es in uns tragen,
sonst finden wir es nicht.

Honoré de Balzac

Dies über alles: Sei dir selber treu!
Und daraus folgt, so wie die Nacht dem Tage,
du kannst nicht falsch sein gegen irgendwen.

William Shakespeare

Fang jetzt an zu leben und
zähle jeden Tag als ein Leben für sich.

Seneca

Das wahre und sichtbare Glück des Lebens
liegt nicht außer uns,
sondern in uns.

Johann Peter Hebel

Es liegt in deiner Macht,
dass dein Leben glücklich dahinfließt,
wenn du nur dem rechten Weg folgen
und auf diesem urteilen und handeln willst.

Mark Aurel

Wohin du auch gehst, geh mit deinem ganzen Herzen.

Konfuzius

Alle Titel in dieser Reihe:

Alles Gute für das neue Lebensjahr!
Alles Gute!
Alles Liebe!
Blumengrüße zum Geburtstag!
Für einen besonderen Tag!
Herzlichen Glückwunsch!
Viele liebe Wünsche zum 40. Geburtstag!
Viele liebe Wünsche zum 50. Geburtstag!
Viele liebe Wünsche zum 60. Geburtstag!
Viele liebe Wünsche zum 65. Geburtstag!
Hoch sollst du leben!
Ganz liebe Geburtstagswünsche!
Viel Glück!
Viele liebe Wünsche zum Geburtstag!
Herzliche Wünsche!
Zum Geburtstag die liebsten Wünsche!
Sonnige Geburtstagswünsche!
Viele liebe Wünsche zum 70. Geburtstag!
Viele liebe Wünsche zum 75. Geburtstag!
Viele liebe Wünsche zum 80. Geburtstag!

© 2009 arsEdition GmbH, München • Alle Rechte vorbehalten
Fotografien: Heinz Hirz
Printed by Tien Wah Press
ISBN 978-3-7607-4412-4
www.arsedition.de